DISCOURS

SUR LA

DÉLIVRANCE D'ORLÉANS

DU SIÈGE DES ANGLOIS EN 1429

PAR JEANNE D'ARC, DITE LA PUCELLE D'ORLÉANS

Prononcé dans l'église cathédrale d'Orléans
LE 8 MAI 1766, JOUR ANNIVERSAIRE DE LADITE DÉLIVRANCE

Par Mº Jean-François COLAS

Prêtre prévost de Tillay
Et chanoine de l'église royale de Saint-Aignan.

ORLÉANS
H. HERLUISON, LIBRAIRE-ÉDITEUR
17, RUE JEANNE-D'ARC, 17

—

1883

DISCOURS

SUR LA

DÉLIVRANCE D'ORLÉANS

Tiré à cent exemplaires.

IMP. GEORGES JACOB, — ORLÉANS.

DISCOURS

SUR LA

DÉLIVRANCE D'ORLÉANS

DU SIÈGE DES ANGLOIS EN 1429

PAR JEANNE D'ARC, DITE LA PUCELLE D'ORLÉANS

Prononcé dans l'église cathédrale d'Orléans

LE 8 MAI 1766, JOUR ANNIVERSAIRE DE LADITE DÉLIVRANCE

PAR Mᵉ Jean-François COLAS

Prêtre prévost de Tillay
Et chanoine de l'église royale de Saint-Aignan.

ORLÉANS

H. HERLUISON, LIBRAIRE-ÉDITEUR

17, RUE JEANNE-D'ARC, 17

—

1883

Jean-François Colas naquit à Orléans, en 1702. Il y avait alors dans cette ville deux familles de ce nom, qui n'étaient unies par aucun lieu de parenté. L'une, établie dès l'origine, sur la paroisse de Saint-Paul et dont le chef, Nicolas Colas, conseiller de Philippe de France duc d'Orléans, vivait en 1360, a donné six maires à la ville d'Orléans. L'autre, fixée sur les paroisses de Sainte-Catherine et de Saint-Donatien, était issue de Roland Colas, greffier de la prévosté, trisaïeul de Jean-François. Roland avait eu trois enfants : Roland II, avocat en parlement et docteur agrégé en l'université d'Orléans, qui vivait en 1607 ; François, prêtre et chanoine de Cléry, et Florent, notaire, dont le fils Jacques, également notaire, fut père de Jacques II, négociant et juge consul. Jacques II épousa Marie-Madeleine de Guyenne et eut de cette union : *Jean-François*, Donatien-Denis et trois filles, dont deux moururent sans alliance, et la troisième se maria avec Me Rogier, avocat en parlement.

Après de brillantes études, Jean-François Colas de Guyenne, professsa jusqu'à l'âge de trente-deux ans, au collège des Jésuites ; puis il quitta cette congrégation pour raison de santé, avant d'avoir prononcé ses vœux, devint successivement chanoine de Saint-Pierre-Empont et de Saint-Aignan, et titulaire de la prévôté de Tillay. Ce patronage, appartenant aux chanoines de Saint-Aignan, depuis Charlemagne, avait été comfirmé au chapitre, dès 1162, par le pape Alexandre III.

Colas de Guyenne se fit remarquer par ses talents oratoires ; outre son Panégyrique de Jeanne d'Arc, il prononça, en 1772, l'oraison funèbre du duc Louis d'Orléans, fils du régent. Il était membre de la Société littéraire d'Orléans.

Les annales ont cru devoir aussi mentionner le soin avec lequel Jean-François Colas administra le temporel des deux chapitres, et notamment celui de la prévôté de Tillay. A cette époque, la culture de la vigne constituait une des branches les plus importantes de l'agriculture dans l'Orléanais, province renommée par l'étendue de son vignoble et la qualité de ses vins qui s'exportaient, non seulement à Paris et en Normandie, mais encore en Flandre et en Angleterre.

Emule de Jacques Boullay, chanoine de Saint-Pierre-Empont d'Orléans, auteur d'un traité sur la culture de la vigne qui parut en 1723, Colas de Guyenne crut rendre service à ses concitoyens en indiquant et développant les principes nécessaires pour cultiver la vigne, faire le vin, le gouverner et le vendre avec avantage, n'oubliant pas toutefois de placer la probité au même niveau que la science. Il fit imprimer son livre en 1770, chez Charles Jacob, sous le titre de : « *Manuel du cultivateur dans le vignoble d'Orléans, utile à tous les autres vignobles du royaume*, dédié à Son Altesse sérénissime Monseigneur le duc d'Orléans. »

Jean-François Colas mourut le 3 novembre 1772, et fut inhumé dans la crypte de l'église royale de Saint-Aignan. Son épitaphe, qu'on y lit encore, a été reproduite dans le savant ouvrage de M. Edmond Michel, intitulé : *Inscriptions de l'ancien diocèse d'Orléans*, en ce moment sous presse.

Il nous reste à dire que l'édition originale du *Discours sur la délivrance d'Orléans* forme une brochure in-4° de 28 pages. Sortie, en 1766, des presses de l'imprimeur Charles Jacob, elle est devenue fort rare; c'est ce qui nous a engagé à faire paraître la présente réimpression.

H. H.

8 mai 1883.

DISCOURS

sur la

DÉLIVRANCE D'ORLÉANS

DU SIÈGE DES ANGLOIS EN 1429

> *Laudate Dominum Deum nostrum, qui non deseruit sperantes in se, et in me ancillâ suâ adimplevit misericordiam suam, quam promisit domui Israel.*
> « Louez le Seigneur notre Dieu; il n'a point abandonné ceux qui esperoient en lui. Fidèle à ses promesses, il s'est servi de moi, son humble servante, pour accomplir sur Israël ses miséricordes. » (*Au Livre de Judith*, ch. XIII.)

C'EST ainsi, Messieurs, qu'après la Délivrance de leur Ville, dont dépendoit le salut du Royaume entier d'Israël, une illustre Héroïne conduite et animée par une inspiration particulière du Seigneur invitoit les Habitans de Béthulie à reconnoître et à célébrer ses bien-faits. Une autre Héroïne, également conduite et animée par une inspiration particulière du Tout-puissant, adressoit à vos Pères, et encore aujourd'hui, par ma bouche, vous adresse, Messieurs, de semblables invitations, après la

Délivrance d'Orléans votre Patrie, dont dépendoit également le salut du Royaume entier de la France. Louez le Seigneur, vous dit-elle, louez le Seigneur notre Dieu. Il n'a point abandonné ceux qui esperoient en lui. Il s'est servi de moi son humble Servante, pour accomplir sur la France ses miséricordes. *Laudate Dominum Deum nostrum, qui non deseruit sperantes in se, et in me ancillâ suâ adimplevit misericordiam suam quam promisit domui Israel.*

Saisis de la joye la plus vive, après les plus cruelles allarmes, nos Pères, comme les Béthuliens, par des chants d'allègresse, par des cantiques de louange, s'efforcèrent de témoigner au Seigneur leur reconnoissance; mais ils se seroient crûs ingrats, s'ils n'eussent encore engagé leurs enfants, et après eux leur Postérité la plus reculée, à célébrer à jamais les merveilles opérées en leur faveur par le Dieu des Armées. Un pareil bienfait ne devoit jamais s'oublier. La reconnoissance en devoit durer autant que les fruits. Nous les recueillons encore aujourd'hui, Messieurs. Pourrions-nous y être insensibles? Voudrions-nous en paroître méconnoissants? Ceux qui sont ensevelis dans les ombres de la mort ne chantent point vos louanges, ô mon Dieu! Mais nous qui vivons aujourd'hui par un effet de votre miséricorde sur nos Péres, qui s'est perpétué jusqu'à nous, qui s'est renouvellé dans nous, c'est à nous qu'il convient de louer votre Saint Nom. C'est à nous que ce devoir est imposé. C'est nous qui ne pourrions y manquer, sans nous rendre coupables de la plus criminelle ingratitude. *Laudate Dominum Deum nostrum. Nos qui vivimus benedicimus Domino* (1).

---

(1) Ps. CXIII, 26.

Je le vois, Messieurs, et j'en rends graces ou Seigneur. Je le vois. Ces justes sentiments vivent encore dans vos cœurs, comme dans ceux de vos Pères, après plus de trois siècles ecoulés. Tout annonce en ce jour votre sensibilité et votre gratitude. Les pieux Cantiques dont les Ministres du Dieu vivant font retentir ce Temple Saint; les fleurs qu'ils portent à la main, et dont ils couronnent leurs têtes; le son bruyant des hauts-bois et des trompettes, qui se fait entendre de toutes parts, pour seconder l'effort de leurs voix; ce concours nombreux de Citoyens de tous les ordres et de toutes les conditions, tout cet appareil de Fête et de triomphe ne semble-t-il pas faire revivre et rendre encore présent ce jour heureux qui excite nos actions de graces, plû-tôt qu'annoncer simplement que nous nous en rappelons et que nous en célébrons la mémoire?

Jour heureux, jour mille fois heureux, où, par un effort du bras du Tout-puissant, quoiqu'en apparence par la main d'un foible Bergère, notre Patrie, Messieurs, près de devenir la proye du vainqueur, près d'être livrée aux horreurs du pillage, et de subir le joug honteux de la servitude, se vit délivrée de ses terreurs, et des maux extrèmes qui la menaçoient; et bientôt, avec elle, le Royaume entier soustrait à l'opprobre et à la tyrannie d'une domination étrangère, l'usurpateur honteusement chassé, le Prince legitime rétabli dans ses droits, et replacé sur son Trône, pour gouverner plus en Pére qu'en Roi, des Sujets qui venoient de lui donner des preuves si éclatantes de leur amour et de leur fidélité. Louez le Seigneur. Louez le Seigneur notre Dieu, il n'a point abandonné ceux qui esperoient en lui; il s'est servi de son humble Servante pour accomplir sur la France ses miséricordes. *Laudate Dominum Deum nostrum, qui non deseruit sperantes in se, et in me ancillâ suâ adimplevit misericordiam suam, quam promisit domui Israel.*

Que d'âge en âge, que de siècle en siècle, que de génération en génération, les sentiments qui animèrent nos Pères, et qui nous animent encore aujourd'hui, passent, sans interruption, dans le cœur de vos enfants, et après eux, dans celui de nos derniers neveux. Ils partageront avec nous les bienfaits du Seigneur. Qu'ils partagent à jamais notre reconnoissance. C'est à nous de les instruire, comme nous avons été nous-même instruits ; et c'est l'honorable emploi dont je me trouve chargé en votre nom, Messieurs. Vous suppléerez par vous-même, dans des entretiens familiers et domestiques, à ce qui aura échappé à la foiblesse de mes paroles. Jamais danger plus pressant ne causa de plus justes allarmes. Jamais secours plus éclatant ne merita de plus justes actions de graces. Fixons-nous, Messieurs, à ces deux considérations. Qu'elles nous servent à mesurer et la grandeur du bien-fait, et l'étenduë de notre gratitude.

PREMIÈRE PARTIE

Après une longue suite d'inquiétudes et d'allarmes, de calamités et de détresses, après bien des combats, courageusement, mais infructueusement livrés ou soutenus, Orléans étoit aux abois. L'Anglois, qui l'assiégeoit, fondoit sur cette conquête, qu'il regardoit comme prochaine, son espoir le plus assuré. Maître de cette Place importante; le vaste Fleuve, qui en baigne les murs, au milieu de son cours, et qui partage en deux portions égales le Royaume entier, se trouvoit dèslors soumis à ses lois, et n'opposoit plus d'obstacle au progrès de ses armes. Les excursions lui devenoient faciles sur tout ce qu'il avoit encore à soumettre. Il ne voyait plus d'expédition qui ne lui fut aisée sur le reste des Provinces fidéles. Orléans lui devenoit tout à la fois un boulevart, qui mettoit à couvert tout ce qu'il avoit jusqu'alors envahi ; un dépost pour les munitions nécessaires à ses nouveaux projets; une rétraite même, en cas de disgrace dans ses tentatives pour leur exécution. Tous ces avantages, dont il connoissoit le prix, excitoient son impatience. enflammoient son ardeur, pour le serrer de plus près, et en presser la conquête; d'autant plus irrité de la longue et vigoureuse résistance de de ses habitants, qu'il envisageoit la levée du Siège, comme l'affront le plus honteux en lui-même, et le plus dangereux dans ses suites. Agité de ces pensées inquiètes, il redoubloit ses efforts, pour hâter ses succès. Les attaques étoient plus fréquentes, les combats plus sanglants et plus opiniâtrés. Cinq cens chariots de munitions et de vivres récemment arrivés dans son Camp, sous une escorte victorieuse de capitaines et de soldats d'élite, le mettoient en état d'agir plus vivement que jamais, et sembloient donner le fondement le plus sûr à ses espérances.

Le danger croissoit pour les assiégés, à proportion de la supériorité des assiégeants. Fut il jamais situation plus intéressante que celle où se trouvoient nos Pères, dans la crise d'une révolution générale, où le Corps entier de l'Etat étoit entrepris? Parlons, Messieurs, sans figure. La Capitale et les Provinces du Nord, étoient au pouvoir de l'ennemi. Orléans et les Provinces du Midi défendoient encore leur Roi et leur liberté. Mais le Royaume entier alloit tomber avec Orléans sous la puissance de l'usurpateur. Sa chute entraînoit nécessairement tout ce qui se soutenoit encore. Son sort décidoit irrévocablement celui de la France.

Combien de motifs puissants se réunissoient pour animer nos Pères à la plus courageuse défense? la loi du devoir le plus naturel et le plus juste leur imposoit l'obligation étroite de sacrifier leur biens et leurs vies, pour la défense de leur Prince injustement opprimé, dépoüillé de la couronne et de l'héritage de ses Pères, errant dans ses propres Etats, et bien-tôt contraint de s'en exiler.

Ce motif de justice était appüié dans leurs cœurs par l'amour des François pour leurs Rois, né avec eux, puisé dans le sein de leurs Mères, fortifié par l'éducation, soutenu par le retour des sentiments réciproques des Souverains pour leurs Sujets. Joignez-y la honte de se voir asservis à un étranger, de tout tems irréconciliable ennemi du Royaume qu'il veut envahir, l'épreuve actuelle de la dureté de son empire sur les nouveaux Sujets que le malheur des temps lui a déja acquis, de sa perfidie et de ses cruautés envers les François fidèles, qui ont osé lui résister, et que la force de ses armes a subjugué. Si le bras de Dieu ne se déclare pour eux, ils vont se trouver réduits à la dure alternative, ou d'être ensevelis sous les ruïnes de leur Patrie, ou, ce qu'ils redoutent plus encore, de se voir comme des enfants privés de la tendresse de leur Mère, et contraints de vivre sous une Marâtre, dont il n'ont à attendre que des rigueurs, qui va les immoler à son avidité, pour engraisser elle et les siens de leur substance, et pour assurer leur soumission, mettre aux fers leur liberté.

Quelle impression ne doit pas faire cette situation critique sur des cœurs généreux? Aussi, dès les premiers bruits qui la menacerent, avoient-ils employé, pour prolonger leur défense, tout ce que la prévoyance peut suggerer de précautions, tout ce que l'amour du Prince et de la Patrie peut inspirer de résolutions les plus courageuses. Les provisions de toute espèce, les munitions de guerre et de bouche recueillies de toutes parts, et amassées à grands frais, se trouvoient accumulées au centre de la ville. De braves guerriers, propres à diriger par leur habileté, et à soutenir par leur exemple le courage des Citoyens renfermés avec eux, étoient resolus, comme eux de s'immoler au salut de l'Etat, pour faire avorter les desseins de l'ennemi. Tous les dehors de la Place ne lui présenterent, à son arrivée, qu'une campagne nüe, et dévastée par ses propres Habitants. Tous les édifices privés ou publics, leurs demeures propres, et jusqu'à leurs Temples les plus révérés, et les plus chers à leur Religion démolis de leurs propres mains, ne lui offrirent, de toutes parts, que des ruines éparses et informes, au lieu de retraites commodes pour sa sûreté et pour la facilité de ses approches. Sacrifice généreux dont l'histoire fournit à peine quelques exemples, et qui leur mérita, de la part de leur Souverain, outre les éloges les plus flateurs, les Priviléges les plus distingués, dont ils jouissent encore de nos jours. Ils seront à jamais un monument authentique de la sensibilité du Prince, et un aiguillon toujours pressant à notre fidélité.

Ces précautions sages et courageuses leur furent aussi utiles que nuisibles à l'ennemi. Il lui falloit s'établir devant la Place, et y asseoir un Camp. Ceinte de murs élevés défendus d'une part par le Fleuve, de l'autre par un Fossé large et profond, elle n'avoit point à craindre d'être emportée d'emblée, et exigeoit nécessairement un Siége régulier. Autant que les assiégeants témoignèrent d'ardeur pour avancer leurs travaux, autant et plus encore les assiégés en firent-ils paroître à les traverser et à les détruire. Pour réussir à fatiguer leur ennemi, ils se montroient eux-mêmes infatigables. La nuit comme le jour, leur vigilance et leur activité ne lui laissoient ni repos ni relâche. A peine sortis d'un combat, on les voyoit repâroître sous les armes et lui en livrer de nouveaux. A voir leurs sorties fréquentes et vigoureuses, ils sembloient moins être assiégés dans leur ville qu'assiéger l'Anglois dans ses retranchements.

Assaillis à leur tour, on les voyoit aussi fermes dans la défense, qu'ardents dans les attaques, aussi attentifs à se garder des surprises, que courageux à repousser les assauts. A la première allarme, ils accouroient, ils voloient où le danger les appeloit, sans en être effraïés, se présentoient avec assurance à l'ennemi, emploïoient à la fois l'industrie et la valeur, pour rompre ses efforts et déconcerter ses artifices, l'intimidoient par leur audace, le rebutoient par leur constance. Les femmes même, jalouses de partager avec leurs Maris, avec leurs Pères et leurs Frères le péril et la gloire, les suivoient aux remparts, portoient leurs fardeaux, leur présentoient leurs armes, pansoient leurs blessures, affrontoient avec eux les dangers et la mort. Leur intrépidité leur faisoit oublier la foiblesse de leur sexe, leur courage la suppléoit.

Quel sera le fruit, Messieurs, de tant de sang généreusement répandu, de tant de morts glorieuses ? Que produiront ces prodiges de valeur ? Ils ralentiront l'impétuosité de l'ennemi. Ils lui feront payer chérement ses plus legers avantages. Ils retarderont, pendant sept mois entiers, les progrés de ses travaux. Il verra périr, sous nos murs, ses plus habiles capitaines et ses plus braves soldats. Mais toujours à portée de réparer ses pertes par de nouvelles récrûës, de remplacer sans cesse ses munitions consumées, il a réussi enfin, malgré tant d'efforts contraires, il à réussi à investir la Ville de toutes parts. Plus de soixantes Forteresses l'embrasssent et la resserent dans tout son contour, en occupant toutes les avenuës, en ferment toutes les issuës. La circonvallation est complète. *Hostis vallavit civitatem, extruxit munitiones per gyrum; perfecta est obsidio* (1). Le Fleuve même, jusques-là la ressource la plus assurée des Habitants, n'amenera plus dans leurs Ports ses secours salutaires. Maître de l'un et l'autre

(1) *Eccles.*, IX, 14.

de ses rivages, l'ennemi les occupe au loin, vers sa source, comme vers son embouchure. Il en domine le cours. Il intercepte tout ce qui ose se présenter. Tout commence à manquer dans la Place. Tout annonce aux assiégés la ruïne la plus prochaine. Leurs provisions s'épuisent, sans pouvoir se renouveller. Leurs plus forts Boulevarts sont, ou emportés, ou considérablement endommagés. A peine leur reste-t'il quelque espoir. Ils n'ont plus rien d'entier que leur courage, leur constance et leur fidélité.

Dans ces circonstances accablantes, dans ce péril imminent, quelle ressource pour en sortir? Pour en juger, Messieurs, remontons à la source du mal; suivons-en les progrés, et vous avoüerez que le bras de Dieu pouvoit seul nous sauver.

Un Roi, vous le sçavez, un Roi, les délices de son Peuple, après les désordres d'une minorité tumultueuse, commençoit de faire goûter à la France les douceurs d'un Empire sage et modéré, et sembloit lui promettre un Régne tranquille et heureux, lorsque tout-à-coup sa santé altérée fit tomber de ses mains les rênes du gouvernement qu'elles ne pouvoient plus soutenir. A l'instant les factions se forment, pour s'en saisir, et se les disputer. Tout ce que l'ambition et la rivalité sçavent employer de cabales et d'intrigues, de pratiques sourdes ou découvertes, est mis en œuvre par deux Partis, dont les Chefs travaillent mutuellement à se détruire, pour s'élever sur leur ruïne réciproque. Le sang eût dû les unir. La soif de dominer les divise. Le tumulte commence par la Cour, perce dans la Capitale, et se communique aux Provinces. Bien-tôt le flambeau de la discorde allumé au centre du Royaume épand ses feux de toutes parts et l'embrâse tout entier. Semblables aux flots d'une mer orageuse combattus par des vents furieux et opposés, les Partis se choquent, se heurtent, se culbutent tour à tour. Les vicissitudes de leur faveur et de leur disgrace sont marquées par le pillage, par les meurtres, par les proscriptions, que le Parti abattu, mais bien-tôt relevé, fait éprouver à l'autre, après les avoir lui-même éprouvés. Le sang le plus précieux et le plus respectable n'est point épargné. Les degrés du Trône sont jusqu'à deux fois ensanglantés. Le premier de ces crimes est l'ouvrage de la fureur, le second est l'effet de la vengeance.

Ce ne sont encore-là, Messieurs, que les commencements de nos malheurs. En voici le comble. L'ennemi est appellé dans le Royaume, il y est introduit. On lui livre nos plus belles Provinces, et la Capitale même. Ce n'est point assez. On lui applanit le chemin du Trône, on l'y éleve, on l'y fait asseoir, on lui défère la Couronne, l'Onction Sainte est prophanée sur sa tête, tandis que le Fils unique du Roi régnant, le seul et incontestatable héritier de tous ses droits en est solennellement exclus. Il est solennellement dégradé. Il est solennellement proscrit. Quelle horreur !

N'attendez pas que la tendresse d'un Père réclame contre de pareils attentats. Plus à plaindre lui-même par son état, que son Fils ne l'est par ses disgraces, c'est sous son nom emprunté, c'est à l'ombre de son autorité usurpée que s'exerce ce brigandage.

Mais, du moins, les entrailles d'une Mere ne seront-elles pas émeües à la vüe de ces forfaits commis contre son propre sang ? sera-t'elle insensible à l'avilissement de sa propre dignité, à la honte et aux malheurs d'un Royaume qui fait sa gloire ? Sans doute, elle s'efforcera d'arrêter ce torrent fougueux, et de lui oposer une digue capable de résister à sa violence. Ah ! Messieurs, frémissez de l'entendre; je frémis de le dire. Elle est elle même l'agent principal de ces manœuvres horribles, elle est l'âme de ces noirs complots. Les plus violentes passions se sont emparées de son cœur, et y ont étouffé la voie de la nature, une haine implacable y a pris la place de l'amour maternel. Reine ambitieuse, elle se flatte de conserver plus d'autorité sous un Etranger, qui lui sera redevable du Sceptre, que sous un Fils qui ne le devra qu'à sa naissance. Femme irritée, elle ne craint point d'envelopper ce Fils dans la vengeance qu'elle prétend tirer de ses partisans qui ont osé lui déplaire. Le temps n'adoucira point ses amertumes. Elle ne cessera de porter dans son cœur ces sentiments dénaturés contre celui qu'elle a porté dans ses flancs. N'insultons point, Messieurs, à sa mémoire. Respectons encore dans elle la Majesté sacrée du diadème, dont son front fut décoré. Elle verra ses desirs de vengeance frustrés par la protection visible du Ciel, sur ce Fils qu'elle persécute. Elle verra ses projets ambitieux déconcertés tourner à sa honte, et la couvrir d'ignominie. L'usurpateur qu'elle élève ne travaillera qu'à l'abaisser. Quelque avantage qu'il en tire pour ses intérêts, il déteste dans elle l'oubli de la tendresse maternelle et il en craint le retour. Elle n'éprouvera de sa part que des mépris et des outrages. Egalement odieuse au parti qu'elle combat, et à celui qu'elle sert, elle vivra dans l'opprobre, elle mourra dans l'indigence. On lui accordera la sépulture, mais elle n'en aura pas les honneurs. Que ne pouvons nous effacer de nos Annales de si tristes évènements? Souhaitons du moins que la peine temporelle de ses fautes ait apaisé la colere du Seigneur, et lui ait attiré sa clémence.

Cependant qu'opposera ce Fils infortuné à des obstacles

si puissants ? Comment conjurera-t'-il l'orage assemblé sur sa tête ? Jeune et sans autre expérience que celle de ses malheurs, il les voit croître chaque jour, il les voit sur le point d'être portés à leur comble. Tandis que les Provinces, dont la fidélité lui est encore assurée, épuisées de longue main par de dures éxactions, et plus encore par les efforts de leur zèle, peuvent à peine lui fournir des secours modiques, il voit son ennemi joindre à ses propres forces celles de la Capitale et des Provinces usurpées, près de l'acabler sous des armes destinées à le défendre.

La justice de sa cause jointe à la compassion de ses disgraces, et aux charmes naturels d'un caractère affable, généreux bienfaisant, ont, il est vrai, rassemblé près de sa Personne des serviteurs fidéles, de braves Guerriers résolus de vaincre ou de mourir sous ses étendarts, de s'ensévelir sous les débris de sa fortune, ou de triompher avec lui de l'iniquité de ses oppresseurs. Mais le croiriez-vous, Messieurs ? c'est l'excès même de leur zèle, qui nuit principalelement au bien de son service et à la réussite de ses entreprises : l'émulation générale semble produire l'effet des jalousies particulieres. Ce n'est point assés de prétendre avoir part à la gloire des succès, tous s'empressent à l'envi d'en mériter les premiers honneurs. Mais le défaut d'ordre et de concert leur enleve les lauriers qu'ils s'efforcent de cueillir. Après les défaites sanglantes de Crevant et de Verneuil, je vois sur-tout dans une action décisive, je vois, à la journée funeste de Rouvray, la bravoure dégénérer en témérité, l'ardeur en précipitation, l'une et l'autre rompre les mesures de la prudence, lui arracher des mains une victoire presque assurée, et la changer en une déroute honteuse et meurtriere. Orléans alloit être délivré, l'Ennemi déjà rebuté de la longueur du Siége alloit être forcé de l'abandonner. Il alloit essuyer l'affront qu'il avoit tant redouté. Un succès inattendu fait bientôt revivre toutes ses espérances, et releve son courage abbattu. Il croit déjà voir la France entière rangée sous ses loix. Orléans, dont il juge désormais la prise infaillible, en est, à ses yeux, un gage assuré. Il s'en félicite, il s'en applaudit. Enyvré de ces idées flateuses, il en goûte, à long traits, toute la douceur, tandis que nos Peres en proye à l'inquiétude et à la tristesse, prosternés au pied des Autels, les arrosent de leur larmes, conjurent le Tout-Puissant de détourner le moment fatal, qui va rendre inutiles tant de travaux qu'il ont soutenus, tant de sang qu'ils ont répandu, pour les livrer à la vengeance d'un Ennemi courroucé. Déjà il leur semble voir leur Ville abandonnée au pillage, leurs richesses enlevées, leurs femmes et leurs enfants en but à la brutalité du soldat vainqueur, le glaive levé sur leurs propres têtes. *Animæ quiores estote Fillii. Clamate ad Dominum, et ipse eripiet vos de manu Principum inimicorum* (1). Rassurés-vous braves Citoyens, Sujets fidéles; ce n'est pas en vain que vous réclamés le nom du Seigneur. La cause que vous défendés intéresse sa Justice. Au défaut des secours humains, le Ciel va se déclarer pour vous, il va prodiguer pour vous les miracles, et convertir vos allarmes en triomphes. Jamais danger ne fut plus pressant, et par lui-même et par le défaut des ressources. Mais aussi jamais secours ne fut plus éclatant. Accordez-moi je vous prie, Messieurs, encore quelques moments de votre attention.

(1) Baruch, IV, 21.

SECONDE PARTIE

Que nos ennemis ayent refusé de reconnoître le doigt de Dieu dans le prodige qui nous a délivrés, vous n'en serez pas surpris, Messieurs. Ç'eût été, de leur part, souscrire à la condamnation portée par le Tout-puissant lui-même contre la cause qu'ils défendoient avec tant de fureur et d'acharnement. Ç'eût été se charger de toutes les horreurs d'une guerre de trente années, et les avouer punies dans eux par la justice d'un Dieu vengeur. Ç'eût été consentir à demeurer flétris d'un éternel opprobre. Mais que pour éluder ces justes reproches, pour détourner la honte, que répandoit sur eux un évènement reconnu par eux-même pour surnaturel, et par l'Europe entière pour un coup du Ciel, ils aïent osé l'attribuer à l'Enfer et à ses Puissances; que, par les procédés les plus solemnels, ils ayent authentiquement attesté qu'ils en avoient trouvé la cause dans les prestiges et les enchantements de la Magie; vous en conviendrez, sans doute, et qui pourroit en disconvenir? C'étoit porter à leur comble ou la fourberie et l'impudence, ou l'aveuglement et l'impiété.

Ils n'avoient pas besoin de recourir à cette indigne ressource, pour nous ravir une gloire, que nous ne pensions pas à nous approprier. Bien éloignés de dire, comme ces Nations impies, dont parle le Prophête, c'est notre bras, et non celui du Seigneur qui a opéré ces merveilles. *Manus nostra exelsa et non Dominus fecit hœc omnia* (1). Nous reconnoissions au contraire, dans toute la sincérité de notre cœur, qu'à lui seul elle étoit dûë toute entière, et nous ne réservions pour nous que l'obligation de lui témoigner notre juste reconnoissance. *Non nobis, Domine, non nobis ; sed Nomini tuo da gloriam* (2).

Ils n'imaginèrent pas pour lors, et ne tentèrent pas de persuader aux Peuples, que la Délivrance d'Orléans, et ses suites qui décidèrent du sort de la France, n'étoient que le fruit d'un stratagème politique employés par les Généraux François, pour réveiller le courage endormi de leurs soldats, et ranimer dans le cœur du Prince même, et de ses Sujets fideles, un espoir presqu'éteint par de continuelles disgrâces. Si les perquisitions les plus exactes, si les recherches, j'ose dire, les plus rafinées, qui ne furent point épargnées de leur part, leur eussent fait seulement entrevoir les vestiges les plus foibles, les traces les plus légères d'un pareil artifice, avec quelle avidité n'auroient-ils pas saisi ce moyen infaillible de nous cofondre, et de se laver eux-même du ridicule et de l'odieux dont ils se sont couverts ? Avec quel air de triomphe auroient-ils fait retentir tous les coins de l'Univers de cet importante découverte ? Auroient-ils manqué de la transmettre, de la consacrer à la Postérité par des monuments éternels ? Ce n'est qu'à l'irréligion seule qu'il pouvoit être réservé d'inventer, plus de cent ans après, et de chercher à accrédi-

(1) *Deut.*, 23, 27.
(2) Ps. CXIII, 9.

ter ce sistême injurieux, d'intenter cette accusation calomnieuse, sans preuve, sans indice, sans autre fondement qu'une audacieuse incrédulité.

Pour nous, mes Fréres, fondés sur le témoignage occulaire de nos Pères, parvenu jusqu'à nous par la tradition la plus constante et la plus assurée; témoignage confirmé et renouvellé chaque année, sans interruption, par la solemnité de ce jour, appuyé des suffrages les plus authentiques et les plus respectables, scellé par le jugement du premier Siége de l'Eglise, après une discution juridique et sevère, laissons frémir la fureur jalouse de nos ennemis; laissons l'impiété s'égarer dans ses voyes ténébreuses et se paître de ses chimères. Ne craignons que de nous rendre coupables de la plus monstrueuse ingratitude envers le Tout-Puissant, qui a déployé pour nous la force de son bras, qui s'est servi de l'instrument le plus foible pour renouveller, en notre faveur, les merveilles les plus éclatantes de sa puissance et de sa bonté. *Laudate Dominum Deum nostrum, qui non deseruit sperantes in se, et in me ancillâ suâ adimplevit misericordiam suam, quam promisit domui Israel.*

Que ne pouvez-vous reparoître au milieu de nous, telle que vous parûtes aux yeux de nos Péres, ILLUSTRE HEROÏNE, suscitée par le Très-haut, l'organe de ses Oracles, le salut et la gloire de son Peuple? Comme eux, nous admirerions dans vous une jeune Bergere, elevée dans le silence des Prairies, ne connoissant pour équipage et pour armes, que sa panetiere et sa houlette, transformée tout-à-coup en une Guerrière invincible, armée du glaive du Seigneur, foudroïant ses ennemis, et rétablissant le Royaume d'Israël. Comme eux, nous admirerions dans vous cet air simple et modeste, paré de tous les traits de la pudeur, et animé du feu de ce courage intrépide, dont vous embrâsiez leurs cœurs. Nous admirerions cette candeur ingénuë, cette pureté de mœurs. cette décence de conduite, cette retenuë austère, qui força toujours au silence et au respect la plus licencieuse comme la plus jalouse malignité ; ce zèle ardent pour la Loi du Seigneur, qui sçût apprendre aux Soldats, comme à leurs Chefs, à cesser de l'enfraindre et à la respecter ; cette Piété ferme et constante, qui ne fut jamais troublée par le bruit des armes, ni altérée par leur licence ; cette prudence militaire, qui étonnoit dans les Conseils les plus expérimentés Capitaines, qui dirigeoit leurs avis, et enchaînoit leurs suffrages ; cette bravoure héroïque, qui ne fut jamais ni effraïée par le danger, ni déconcertée par les obstacles, ni rebutée par la fatigue, ni ralentie, même par les blessures, toujours suivies des succès les plus inespérés, toujours couronnée par la victoire. Vous nous redirez, comme à eux, ces inspirations pressantes, qui vous déterminèrent à voler au secours d'une Ville assiégée, d'un Roi opprimé, d'un Royaume désolé ; ces lumières surnaturelles, dont le Ciel autorisa votre mission, qui dévoilerent à vos yeux les plus intimes secrets, qui franchissant l'intervalle des lieux, rapprochérent et vous rendirent présents les faits les plus éloignés, au moment même de leur exécution ; ces Prédictions précises au dessus de toute créance, vérifiées néanmoins par les plus précis évenements.

Mais, que dis-je, mes Fréres, et pourquoi envier à nos Péres, cette partie des faveurs, dont il plut au Seigneur de les gratifier ? N'en sommes-nous pas plus favorisés qu'eux ? Ne jouissons-nous pas de tous leurs avantages, sans avoir eû de part à leurs malheurs et à leurs dangers ? Où trouverai-je des termes pour vous exprimer les transports de la joie, qui saisit leurs cœurs, à la vuë de cette Libératrice, que le Ciel leur envoyait au plus fort de leur détresse, au moment le plus prochain de leur ruine ? Non, Messieurs, toute éloquence est muette, toute expression est foible en un pareil sujet. Au milieu d'une consternation générale, où chacun tremblant pour soi, et pour ce qu'il a de plus cher, ne voit de toutes parts, que la même affliction, que le même désespoir, dont il est lui-même atteint ; Non, je le repéte, il n'est point de traits, pour peindre la douce et vive impression, que fait sur les esprits un premier rayons d'espérance, qui perce ces nuages ténébreux, pour annoncer la sérénité.

C'est sous votre escorte, Dunois, Gaucourt, D'Illiers, La Hire, Saintrailles, Noms immortels dans les Fastes de la France et d'Orléans ; c'est sous votre escorte, qu'elle entre et qu'elle paroît dans la Ville assiégée, comme une Aurore, qui vient dissiper les ombres de la nuit, et ramener le plus beau des jours. Ou plu-tôt, c'est sous ses auspices que vous y avez pénétré, à travers les Forteresses multipliées de l'ennemi, qui déja frappé de la terreur de son nom, et du bruit des merveilles, dont Dieu la favorise, est demeuré immobile, à son passage, comme autrefois Pharaon, devant le Peuple Hébreu, conduit par Moyse, sous la protection du Très-Haut. *Fiant immobiles quasi lapis, donec pertranseat Populus tuus, Domine* (1). Elle entre et tous les yeux se fixent sur elle, tous les cœurs volent sur ses pas. Elle entre précédée de l'abondance, qui va soulager les rigueurs de la disette, sous laquelle gémit un peuple aussi constant que fidéle. Elle entre accompagnée de la fleur des Guerriers dévoüés, comme ce

(1) *Exod.*, 15, 16.

Peuple, à leur Prince, qui viennent partager ses périls, et soutenir son courage. Elle entre, et elle est accueillie, elle est suivie d'acclamations redoublées, que l'air émû porte au loin dans le Camp ennemi, pour y répandre l'effroy, et que la reconnoissance des Citoyens envoye vers le Ciel, le remercier de ce premier bienfait, et le prier de consommer son ouvrage, en couronnant leur espérance.

Leur vœux, mes Fréres, ne tarderont pas d'être éxaucés. La présence de JEANNE D'ARC, va bien-tôt opérer cette révolution étonnante. Le zèle qui la presse ne lui permet ni repos, ni retard. Elle s'élance, comme un Géant, dans sa carrière. C'est le Ciel qui l'envoye, et elle en suit les impressions. *Exultavit, ut Gigas, ad currendam viam ; à summo Cœlo egressio ejus* (1). Son ardeur se communique à tous ces Braves, qui, en foule et à l'envi, courrent se ranger sous son Etendart. Elle sort, à leur tête, pour combattre l'ennemi. Tout plie, tout fléchit devant elle. Toute résistance est vaine. Il n'est point de Boulevart à l'épreuve de la vivacité obstinée de ses attaques. Les travaux de sept mois entiers sont détruits en trois jours de combat. L'Anglois, ce fier ennemi, forcé de poste en poste, jusques dans ses derniers rétranchements, après avoir vû la terre abreuvée et le Fleuve rougi de son sang, s'estime heureux de sauver par la fuïte les foibles restes échappés à l'orage qui vient de fondre sur lui. Le dépit lui déchire le cœur. La honte lui couvre le front. Il fuït, et rugit en fuïant, d'être contraint de lâcher une proïe, dont il comptoit la prise aussi prochaine qu'assurée. De foibles efforts vainement tentés, pour conserver l'empire de ce Fleuve, qu'il a tenu jusques-là captif sous ces lois, ne ser-

(1) Ps. XVIII, 61.

vent qu'à accumuler ses défaites. La victoire de Patay met le comble à sa disgrace. Elle répare l'opprobre de Rouvray. Elle chasse loin de nos limites ce monstre acharné à notre ruïne. La Délivrance est complette; et Orleans, comme il le fut au tems d'Attila par les mérites d'un de ses plus Saints Evêques, devient encore une fois, par la valeur de sa brave Pucelle, le premier rempart invincible à nos ennemis, la premiere barrière opposée avec succès à leurs conquêtes, le tombeau de leur gloire, l'écueil de leur fureur, l'inébranlable appuï de l'Etat panché vers sa ruïne, sa seule ressource au milieu des dernières extrémités, et pour le dire en un mot, le salut de son Empire aux abois.

Partez, jeune Monarque, allez recevoir l'Onction-Sainte, qui va consacrer vos droits vainement contestés sur le premier Trône de l'Europe, l'héritage de vos Péres. Partez, en assurance, à l'ombre du Drapeau de notre Libératrice. Malgré les obstacles que la prudence humaine juge insurmontables, elle remplira contre toute espérance, ce second objet de sa mission, comme elle vient d'accomplir le premier par notre Délivrance. Elle ne tardera pas de vous être enlevée par la cruauté barbare de votre ennemi. Mais l'indignité d'une pareille action, en flétrissant le Nom de celui qui l'employe, ne rendra que plus célèbre et plus glorieuse la Mémoire de votre Héroïne. Elle vous protégera du haut des Cieux. Elle vous obtiendra du Toutpuissant l'expulsion totale de l'usurpateur. Relégué dans son Isle, il y éprouvera plus de malheurs, qu'il n'en a causé à la France. Des guerres intestines déchireront le sein de sa Patrie, et victime de leur fureur, il se verra lui-même dépossedé, sans retour, par ses propres Sujets, de la Couronne de ses Pères, après avoir perdu celle qui va s'affermir sur votre tête, et qu'il s'est en vain efforcé de vous ravir.

Graces immortelles soient renduës au Seigneur notre Dieu, Il protége l'innocence, il réprime l'injustice. Il a rétiré nos Pères des portes de la mort, pour les rendre à la vie. Jamais, dans le plus pressant danger, fut-il secours plus éclatant, et par la foiblesse des moyens, et par la rapidité des succès ? Marchez encore aujourd'hui, généreux Orleanois, sous l'Etendart de votre brave Pucelle. Non, les armes à la main, et en ordre de bataille, pour prodiguer vos vies à la défense de l'Etat, de votre Prince et de votre Patrie, mais couronnés de fleurs, pour célébrer ses triomphes, Reconnoissez ses vestiges, recueillez ses esprits, suivez ses pas ; ils sont tous marqués par ses exploits. C'est-là, pourrez-vous dire, qu'elle pressoit les Anglois, et les forçoit d'abandonner ce poste avantageux. C'est-là qu'elle ranimoit le courage du Soldat rebuté par leur résistance opiniâtre. C'est-là que toute dégoûtante du sang de ses blessures, elle escaladoit, elle emportoit d'assaut leur dernier retranchement. Vous ne verrez plus sur votre passage ce Monumeut célèbre destiné à éterniser sa mémoire. L'injure des tems en a ruïné la base, et vous a forcé de le déplacer. Il attend que, dignes Fils de vos Pères, vous le rétablissiez dans son premier lustre, pour ne cesser de consigner à la Postérité leur reconnoissance et la vôtre. Quelle décoration plus brillante donneriez-vous à votre Ville ? Quelle autre pourra jamais la suppléer ? Puisqu'il est vrai que la force des Cités réside moins dans leurs remparts, que dans le courage de leurs Citoyens, quel ornement plus glorieux pour elles et ensemble plus utile, que ces trophées de leurs victoires, qui, en rappelant aux enfants la générosité des sentiments de leurs Pères, les incitent à la suivre et les préservent d'en dégénerer ?

Mais, Messieurs, bornerons-nous donc notre gratitude envers le Seigneur à ces anciens bienfaits, dont nous rappelons la mémoire ? Ceux dont il nous fait jouir personnellement en méritent-ils moins de notre part ? La paix est la santé des Etats, comme la guerre et les troubles sont leurs maladies. Pourquoi faut-il que ces biens si doux, ces dons si précieux du Ciel, sources fécondes de tous les autres biens, ne fassent communément que des ingrats, que nous ne connoissons leur juste valeur, que par les regrets qu'ils nous causent, que par les maux que nous souffrons, après les avoir perdus, et qu'ils nous soient plus sensibles par leur privation, que par leur présence ? Comparez, mes Frères, comparez les tempêtes dont nos Pères furent agités avec le calme que la Providence nous procure. Quelle différence entre ces temps orageux, où la France en proïe tout à la fois aux dissensions domestiques et aux guerres étrangères, ne voyoit de toutes parts ; que désordre dans ses Villes, que désolation dans ses campagnes, où le commerce et les Arts forcés de suspendre leur activité, réduisoient, par leur inaction, le Royaume entier à l'Etat le plus déplorable de langueur et de misère ; où le Laboureur, quoique pressé par la nécessité de pourvoir à sa subsistance, combattu néanmoins par la crainte de voir ruïner ses travaux et ravir ses moissons, ne mettoit qu'à regret la main à la charruë, pour cultiver ses terres, et provoquer leur fécondité ; où tous les Peuples, jusques dans l'enceinte de leurs murs, sans cesse inquiétés par le bruit des armes, toujours environnés de dangers pressants, flottoient continuellement entre la mort et la vie ; quelle différence, dis-je, entre ces temps orageux, et les jours sereins que le Ciel fait luir pour nous, sous l'Empire du plus aimable, comme du plus cheri des Rois? Quels flots furieux, quelle tourmente effroïable sous Charles VI et Charles VII? Quelle douce tranquillité, quelle heureuse sécurité sous LOUIS XV? Conservez-le, ce Monarque si précieux à la France. Conservez-le pour la gloire et la consolation de son Auguste Famille. Conservez-le pour le bonheur de son Peuple. L'un et l'autre lui est également cher. Il les associe tous deux à son cœur. Soutenez, Seigneur, affermissez son courage dans les rudes épreuves où il vous plaît de l'exposer. Que la conservation de son Auguste Epouse, de cette Reine l'Image vivante de toutes les Vertus chrétiennes, soit le premier fruit et la premiere récompense de sa soumission religieuse à vos volontés saintes. Que toujours par ses soins, sous votre protection toute-puissante, la Réligion triomphe, la Piété fleurisse, les Mœurs s'épurent. Que toujours ami de la Paix, il préfère contenir ses ennemis par la terreur de ses armes, plu-tôt que par leur force. Ils l'ont assés éprouvée pour la leur rendre rédoutable. Puisse-t'il enfin, comblé d'années, de gloire et de vertus, mériter pour lui-même, et faciliter à ses Sujets les moyens de mériter pour eux ces biens infiniment plus précieux, que vous préparez, pour une éternité, à vos Serviteurs fidéles. Je vous les souhaite, MESSIEURS, au nom du Père, et du Fils, et du Saint-Esprit.

Ainsi soit-il.

www.ingramcontent.com/pod-product-compliance
Lightning Source LLC
Chambersburg PA
CBHW060729050426
42451CB00010B/1696